Babett Kurzius-Beuster

Deutsch an Stationen Inklusion Klasse 6

Materialien zur Einbindung und Förderung lernschwacher Schüler

INKLUSION
Für differenzierten Unterricht

Auer Verlag

Die Herausgeberin:

Sandra Sommer: Förderschullehrerin, langjährige Berufserfahrung an einer Grundschule, zahlreiche Veröffentlichungen

Die Autorin:

Babett Kurzius-Beuster: Grund-, Haupt- und Realschullehrerin an einer Kooperativen Gesamtschule, Multiplikatorin für den Bereich „Individuell Fördern – Lernen begleiten"

Bildquellenverzeichnis:

S. 35 Europakarte (Auszug, bearbeitet): © Tanja Bagusat – Fotolia, Nr. 8529460

Gedruckt auf umweltbewusst gefertigtem, chlorfrei gebleichtem
und alterungsbeständigem Papier.

1. Auflage 2014
Nach den seit 2006 amtlich gültigen Regelungen der Rechtschreibung

Illustrationen: Julia Flasche, Steffen Jähde, Hendrik Kranenberg, Sandra Schmitt, Bettina Weller
Satz: Druckerei Joh. Walch, Augsburg
Druck und Bindung: Druckerei Joh. Walch, Augsburg
ISBN 978-3-403-**07399**-4

www.auer-verlag.de

Inhaltsverzeichnis

Vorwort

Bei den vorliegenden Stationsarbeiten handelt es sich um eine Arbeitsform, bei der die unterschiedlichen Lernvoraussetzungen in den zunehmend heterogenen Klassen Berücksichtigung finden. Es sind alle Themen des Bandes „Deutsch an Stationen Klasse 6“ (Bestell-Nr. 06243) enthalten. Diese wurden so verändert, dass Schüler[1] mit Anspruch auf sonderpädagogische Förderung erfolgreich damit arbeiten können. Unabhängig und vor allem in Verbindung mit dem Band „Deutsch an Stationen Klasse 6“ ist es so möglich, differenzierte Arbeitsaufträge auch beim Stationenlernen anzubieten und dadurch den Bedürfnissen aller Schüler gerecht zu werden. Im Rahmen der inklusiven Beschulung von Schülern mit Anspruch auf sonderpädagogische Förderung ist dies in allen Fächern vonnöten, um ihnen eine möglichst umfassende Teilhabe am Unterricht zu ermöglichen. Die Grundidee ist, den Schülern einzelne Arbeitsstationen anzubieten, an denen sie gleichzeitig selbstständig arbeiten können. Die Reihenfolge des Bearbeitens der einzelnen Stationen ist dabei ebenso frei wählbar wie das Arbeitstempo und meist auch die Sozialform. Wo Partner- oder Gruppenarbeit erforderlich ist, wird dies durch ein entsprechendes Symbol gekennzeichnet:

 Partnerarbeit  Gruppenarbeit

Als dominierende Unterrichtsprinzipien sind bei allen Stationen die Schüler- und Handlungsorientierung aufzuführen. Schülerorientierung meint, dass der Lehrer in den Hintergrund tritt und nicht mehr im Mittelpunkt der Interaktion steht. Er wird zum Beobachter, Berater und Moderator. Seine Aufgabe ist nicht das Strukturieren und Darbieten des Lerngegenstandes in kleinsten Schritten, sondern durch die vorbereiteten Stationen eine Lernatmosphäre zu schaffen, in der Schüler sich Unterrichtsinhalte eigenständig erarbeiten bzw. Lerninhalte festigen und vertiefen können. Handlungsorientierung meint, dass das angebotene Material und die Arbeitsaufträge für sich selbst sprechen. Der Unterrichtsgegenstand und die zu gewinnenden Erkenntnisse werden nicht durch den Lehrer dargeboten, sondern durch die Auseinandersetzung mit dem Material und die eigene Tätigkeit gewonnen und begriffen.

Ziel der Veröffentlichung ist, wie oben angesprochen, das Anknüpfen an unterschiedliche Lernvoraussetzungen der Schüler. Jeder einzelne Schüler erhält seinen eigenen Zugang zum inhaltlichen Lernstoff. Die einzelnen Stationen ermöglichen das Lernen nach allen Sinnen bzw. nach den verschiedenen Eingangskanälen. Dabei werden sowohl visuelle (sehorientierte), haptische (fühlorientierte) als auch intellektuelle Lerntypen angesprochen. An dieser Stelle werden auch gleichermaßen die Bruner'schen Repräsentationsebenen (enaktiv bzw. handelnd, ikonisch bzw. visuell und symbolisch) mit einbezogen. Das vorliegende Arbeitsheft unterstützt in diesem Zusammenhang das Erinnerungsvermögen, das nicht nur an Einzelheiten, an Begriffe und Zahlen geknüpft ist, sondern häufig auch an die Lernsituation.

Die Materialien sind in allen Schulformen einsetzbar und berücksichtigen die in den Lehrplänen für das Fach Deutsch formulierten Kompetenzen.

Folgende Themen des Deutschunterrichts werden innerhalb der verschiedenen Stationen behandelt:

- Satzglieder
- Groß- und Kleinschreibung
- Zeichensetzung
- Getrennt- und Zusammenschreibung
- Lesen und Erfassen von Sach- und Informationstexten

Viel Freude und Erfolg mit dem vorliegenden Heft.

1 Aufgrund der besseren Lesbarkeit ist in diesem Buch mit Schüler auch immer Schülerin gemeint, ebenso verhält es sich mit Lehrer und Lehrerin etc.

Materialaufstellung und Hinweise zu einzelnen Stationen

Die Stationsblätter sind in entsprechender Anzahl zu vervielfältigen und den Schülern bereitzulegen. Als Möglichkeit zur Selbstkontrolle können Lösungsseiten erstellt werden. Es wird empfohlen, dazu die Lösungen am Ende dieses Buches vergrößert zu kopieren.

Groß- und Kleinschreibung

S. 13 Station 1 **Typische Endungen der Substantive**: Wörterbücher bereitstellen

Getrennt- und Zusammenschreibung

S. 26 Station 2 **Auf den Inhalt kommt es an!**: Wörterbücher bereitstellen
S. 27 Station 3 **Zusammengesetzte Wörter 1+2**: Wörterbücher bereitstellen
S. 29 Station 4 **Aufeinandertreffen dreier gleicher Buchstaben**: Wörterbücher bereitstellen

Lesen und Erfassen von Sach- und Informationstexten

S. 32 Station 1 **Schnapp dir ein Wörterbuch! 1+2**: Wörterbücher bereitstellen
S. 36 Station 3 **Anders ausgedrückt**: Wörterbücher bereitstellen

Laufzettel

für ______________________________

Pflichtstationen

Stationsnummer	erledigt	kontrolliert
Nummer ______		
Nummer ______		
Nummer ______		
Nummer ______		
Nummer ______		
Nummer ______		
Nummer ______		

Wahlstationen

Stationsnummer	erledigt	kontrolliert
Nummer ______		
Nummer ______		
Nummer ______		
Nummer ______		

Name: ______________________

Finde die Satzglieder!

Satzglieder sind die Teile eines Satzes, die zueinander gehören.
Sie können aus mehreren Wörtern bestehen.
Wenn du die Umstellprobe machst, bleiben die Satzglieder immer zusammen.

Aufgabe 1:

Stelle die Sätze mehrmals um!

1. [Meine Mutter] [schenkt] [meinem Bruder] [ein blaues Fahrrad].
→ Meinem Bruder schenkt meine Mutter ein blaues Fahrrad.

____

____

2. Der Brief lag auf dem Küchentisch.

____

____

3. Die Kinder essen ein Eis in der italienischen Eisdiele.

____

____

____

4. Auf dem Schulhof spielen die Kinder Fangen.

____

____

____

Aufgabe 2:

Wörter, die in Aufgabe 1 immer zusammen bleiben, bilden Satzglieder.
Rahme die Satzglieder farbig ein!

Station 2

Name: ____________________

Das Prädikat

Die Satzaussage (SA, Prädikat) ist ein Satzglied.
Sie besteht aus mindestens einem Tunwort (Verb).
Sie antwortet auf die Frage *Was tut?*.

Aufgabe:

Finde die Satzaussage und unterstreiche sie farbig!
Schreibe sie in der Grundform auf die Linie!
Ergänze beim sechsten und siebten Satz auch die Frage nach der Satzaussage!

Beispiel: Die Kinder gehen gemeinsam in den Zirkus.
→ *Was tun* die Kinder? **gehen**

1. Auf der Wiese blühen bunte Blumen und Gräser.

   Was tun die bunten Blumen und Gräser? ____________________

2. Die Ritter kämpften im Mittelalter auf Turnieren um Ehre und Ruhm.

   Was taten die Ritter? ____________________

3. Die Fußballer des FC Bayern München trainieren auch im Winter hart.

   Was tun die Fußballer des FC Bayern München? ____________________

4. Auf dem Schulhof versuchen einige Jungen ein neues Ballspiel.

   Was tun einige Jungen? ____________________

5. Paul und Hans gehen sonntags immer gemeinsam joggen.

   Was tun Paul und Hans? ____________________

6. Susanne passt heute im Unterricht besonders gut auf.

   ____

7. Clara versteckt sich vor Tony.

   ____

Station 3

Name:

Das Subjekt

Der Satzgegenstand (SG, Subjekt) antwortet auf die Frage *Wer oder was?*.

Aufgabe:

Finde den Satzgegenstand und unterstreiche ihn blau!
Schreibe ihn mit dem passenden Begleiter auf die Linie!
Ergänze beim sechsten und siebten Satz auch die Frage nach dem Satzgegenstand!

Beispiel: Die Kinder gehen gemeinsam in den Zirkus.
→ *Wer oder was* geht gemeinsam in den Zirkus? **die Kinder**

1. Das Fernsehprogramm gefällt den Kindern nicht.

   Wer oder was gefällt den Kindern nicht? ______________________

2. Gemeinsam gehen die Schüler der Klasse 6a ins Kino.

   Wer oder was geht gemeinsam ins Kino? ______________________

3. Am frühen Vormittag treffen sich Paula und Johanna.

   Wer oder was trifft sich am frühen Vormittag? ______________________

4. Der Apotheker gibt mir Tabletten gegen Fieber.

   Wer oder was gibt mir Tabletten gegen Fieber? ______________________

5. Im Zoo werden die Gehege gereinigt und repariert.

   Wer oder was wird im Zoo gereinigt und repariert? ______________________

6. Während der Fütterungszeit geht Opa mit seinen Enkeln in den Tiergarten.

   ____

7. Das ständige Telefonklingeln nervt Mama.

   ____

Station 4

Name:

Die Objekte

Die Satzergänzung im 3. Fall (SE 3, Dativobjekt) antwortet auf die Frage *Wem?*.
Die Satzergänzung im 4. Fall (SE 4, Akkusativobjekt) antwortet auf die Frage *Wen oder was?*.

Aufgabe 1:

Bestimmt die unterstrichenen Satzglieder!
Kreuzt dazu die richtige Frage an!

1. Der Postbote bringt der Frau ein Päckchen.

   Wem? ◯ *Wen oder was?* ◯

2. Beim Fliegen müssen die Passagiere den Sicherheitsgurt anlegen.

   Wem? ◯ *Wen oder was?* ◯

3. Seinem kleinen Bruder schenkt Leon ein neues Spielzeugauto.

   Wem? ◯ *Wen oder was?* ◯

Aufgabe 2:

Fragt nach den unterstrichenen Satzgliedern!
Bestimmt, um welche Satzergänzungen es sich handelt!
Lest euch die Fragesätze gegenseitig laut vor!
Betont das *n* oder *m*, um den Unterschied zwischen *wen* und *wem* deutlich zu machen!

1. Nächste Woche machen wir einen Ausflug ins Kino.

   ____

2. Marie legt ihrer Schildkröte frische Salatblätter in das Terrarium.

   ____

3. Die Polizisten beobachten einen Banküberfall.

   ____

Name: ____________

Satzglieder bestimmen

Das Satzergänzung im 2. Fall (SE 2, Genitivobjekt) antwortet auf die Frage *Wessen?*.

Aufgabe 1:

Bestimme die unterstrichenen Satzglieder!
Verwende dazu die Abkürzungen SE 2, SE 3 und SE 4!
Schreibe auch die Fragesätze auf!

1. Der Schüler wurde des Raumes verwiesen.

   ____

2. Tinas Mutter lässt sich nach dem Einkaufen den Kassenzettel geben.

   ____

3. Das Laufen fällt dem alten Mann sichtlich schwer.

   ____

Aufgabe 2:

Bestimme die unterstrichenen Satzglieder!
Schreibe in die Klammern: SG für Satzgegenstand (Subjekt), SA für Satzaussage (Prädikat) und SE für Satzergänzung (Objekt).

Lena und Jakob (____) gehen lustlos in die Schule.

Eine Doppelstunde Geschichte steht (____) auf dem Plan.

Wer hat denn schon Lust, sich frühmorgens den alten Römern (____) zu widmen?

Und wieder müssen die Kinder ihr Geschichtsbuch (____) herausholen.

Lena (____) schaut in den Ranzen.

Wie peinlich! Es scheint so, als hätte sie in der letzten Stunde versehentlich

Marias Buch (____) eingepackt.

Station 6

Adverbiale Bestimmungen

Name: ______________________

Aufgabe:

Frage nach den unterstrichenen Angaben (adverbialen Bestimmungen)!
Nutze dazu die Fragewörter aus dem Kasten!

Wohin? Woher? Wo?

Angabe des Ortes:

Lukas geht auf dem Bürgersteig. ______________________

Selina radelt nach Hause. ______________________

Emma kommt aus der Schule. ______________________

Wann? Wie lange? Seit wann?

Angabe der Zeit:

Die Schulstunde dauert 45 Minuten. ______________________

Morgen früh treffen wir uns. ______________________

Seit gestern vermisse ich meine Katze. ______________________

Wie? Auf welche Weise?

Angabe der Art und Weise:

Thomas geht bester Laune in den Zoo. ______________________

Paula schlägt einen Purzelbaum rückwärts. ______________________

Station 1

Typische Endungen der Substantive

Name: ______________________

Aufgabe 1:

Finde in dem Buchstabenchaos die 15 versteckten Namenwörter (Nomen)!
Ordne die Namenwörter in die entsprechende Zeile der Tabelle ein!
Achte dabei auf die Endungen!

WQANDRGHELTVIREICHTUMFRTDSCVBFREUNDSCHAFTKOPL
MNCOTZEUGNISOPGBNVXYAGESUNDHEITXYCVHELDENTUMP
OÜDVHELLIGKEITJZTODSFÄLSCHUNGÖGHBNMVFORSCHUNG
ÜHJKLWXCVEIGENTUMPQAYWERBUNGVCDANKBARKEITQWY
XLÖFTARNUNGFGHBVGESTÄNDNISLKOÖPGESELLSCHAFTKLP
ÜHÄFTZUÖGHIXYFREIHEITVBCHQWYXZTÜPÄFGHJZBNMKLXY

Endungen der Namenwörter	Namenwörter
-ung	Fälschung
-keit	
-nis	
-heit	
-tum	
-schaft	

Aufgabe 2:

Schreibe drei der Namenwörter in der Einzahl (Singular) und in der Mehrzahl (Plural) auf!
Schlage in einem Wörterbuch nach, wenn du Hilfe benötigst!

die Fälschung – die Fälschungen, ______________________

____

____

Station 2

Name: ____________________

Substantivierung von Verben

Aus Tunwörtern (Verben) können Namenwörter (Substantive) werden.
Du kannst sie häufig an Signalwörtern erkennen.
Diese Signalwörter sind: *das, zum, beim, dem, ins* oder *Wiewörter (Adjektive)*

Aufgabe 1:

Entscheide: groß oder klein?
Denke dabei an die Merkmale von Namenwörtern!
Ergänze die Lücken und markiere die Signalwörter!

1. Zum ________________ (lesen) lege ich mich häufig auf das Sofa.
2. Du musst dein Zimmer ________________ (putzen).
3. Zeit zum ________________ (ausruhen) hast du später.
4. Jan kommt beim ____________ (laufen) immer ins ____________ (schwitzen).

Aufgabe 2:

Unterstreiche im Text die substantivierten Tunwöter und ihre Signalwörter!
Die Tunwörter im Kasten helfen dir bei der Suche.

Deutschunterricht bereitet mir sehr viel Freude.

Das Lesen von Texten kann ich besonders gut.

Am liebsten lese ich Fantasiegeschichten.

Genaues Hinschauen und Nachdenken über den Inhalt mag ich einfach.

In Französisch fällt mir das Auswendiglernen leicht und beim Schreiben mache ich wenig Fehler.

lesen hinschauen nachdenken auswendiglernen schreiben

Station 3

Substantivierung von Adjektiven

Name: ______________________

Aus Wiewörtern (Adjektiven) können Namenwörter (Substantive) werden.
Du kannst sie häufig an Signalwörtern erkennen.
Diese Signalwörter sind: *etwas, nichts, viel, wenig*

Aufgabe 1:

Unterstreiche im Text die substantivierten Wiewörter und ihre Signalwörter!
Die Wiewörter im Kasten helfen dir bei der Suche.

Im Biologieunterricht haben wir viel Neues über den Menschen gelernt.

Wenig Erfreuliches haben wir dabei über die Auswirkungen von ungesunder Nahrung erfahren.

Zu viel Köstliches kann unserem Körper nachhaltig schaden.

Das bedeutet aber nicht, dass man nichts Süßes essen darf.

neu   erfreulich   köstlich   süß

Aufgabe 2:

Formuliere die Sätze so um, dass aus dem Wiewort ein Namenwort wird!
Nutze die vorgegebenen Signalwörter!

Beispiel: Was heute passiert ist, war <u>spannend</u>.
→ Heute ist **etwas Spannendes** passiert.

1. Der Polizist konnte nichts feststellen, was <u>ungewöhnlich</u> war. (nichts)

____

____

2. Bei dem Zoobesuch haben wir vieles über Schlangen erfahren, was für uns <u>neu</u> war. (viel)

____

____

Station 4

Zeitangaben

Name: ____________

Wochentage und Tageszeiten mit einem *s* am Ende sind Adverbien.
Sie werden kleingeschrieben.

Aufgabe 1:

Entscheide: groß oder klein?

Der Ausflug

Immer ____ (M/m)ontags treffen sich die Schüler der Klasse 6a vor der ersten Stunde am Kiosk.

An diesem ____ (M/m)ontagmorgen jedoch stehen alle mit ihren Rucksäcken vor der Schule.

Gemeinsam wollen sie bis zum ____ (A/a)bend wandern gehen.

Sie wollen am späten ____ (M/m)ontagabend zurück sein,

da einige Schüler immer ____ (A/a)bends ihre Hausaufgaben erledigen.

Aufgabe 2:

Bilde die Adverbien!
Schreibe wie im Beispiel!

der Montag	– montags	der Morgen	– ____
der Dienstag	– ____	der Vormittag	– ____
der Mittwoch	– ____	der Mittag	– ____
der Donnerstag	– ____	der Nachmittag	– ____
der Freitag	– ____	der Abend	– ____
der Samstag	– ____	die Nacht	– ____
der Sonntag	– ____		

die Samstagnacht – ____________

der Montagmorgen – ____________

Station 5

Pronomen

Name: ______________________

Aufgabe 1:

Ersetze alle unterstrichenen Namenwörter (Nomen) durch ein passendes Fürwort (Pronomen)!

Beispiel: Tim geht einkaufen.
→ **Er** geht einkaufen.

1. In der Stadt sucht Johanna ihre Freunde.

____

2. Gemeinsam wollen sie Blumenschmuck für eine Feier aussuchen.

____

3. Johanna und Tim kaufen frisches Brot.

____

4. „Soll ich Mama ein Eis mitbringen?", fragt Tim.

____

Aufgabe 2:

Unterstreiche im Text alle Fürwörter!
Du findest sie als Hilfe im Kasten.

Finn geht in die Schule.

Gestern hat er den ganzen Tag mit seiner Schwester für die Mathearbeit geübt.

Sie konnte ihm die Aufgaben gut erklären.

Finn will dem Mathelehrer zeigen, wie gut er geübt hat.

Doch leider ist dieser heute krank.

dieser	*er*	*seiner*	*sie*	*er*	*ihm*

Name: ____________

Punkt, Fragezeichen oder Ausrufezeichen?

Aufgabe 1:

Bei den folgenden Sätzen fehlen die Satzzeichen.
Wenn du deinem Partner die Sätze vorliest, solltest du auf die richtige Betonung achten.
Sicher könnt ihr die Satzzeichen dann richtig ergänzen.

1. Vergiss nicht, dein Deutschheft einzupacken __
2. Muss ich mein Zimmer aufräumen __
3. Hände hoch __
4. Nach dem Sportunterricht bin ich immer kaputt _
5. Soll ich dir ein Getränk mitbringen __
6. Sei bitte leise __
7. Achtung bitte __
8. Siehst du das Kind auf dem Roller __
9. Die Blumen fangen im Frühjahr an zu blühen __
10. Sind unsere Eltern stolz auf uns __

Aufgabe 2:

Bildet aus den folgenden Sätzen abwechselnd einen Fragesatz oder einen Ausrufe- bzw. Aufforderungssatz!

1. Britta geht heute Abend ins Kino.
2. Die Fischer fangen die Fische auf hoher See.
3. Im Zoo werden die Tiere während der Fütterungszeit gefüttert.
4. Im Matheunterricht muss man addieren, subtrahieren und dividieren.
5. Zum Kuchenbacken benötigt man Eier.
6. Die Kinder spielen zusammen im Garten.

Name:

Wörtliche Rede

In der wörtlichen Rede kann der Redebegleitsatz am Anfang, am Ende oder in der Mitte stehen:

- Der vorangestellte Redebegleitsatz: Mutter mahnt: „Du sollst nicht schummeln!"
- Der nachgestellte Redebegleitsatz: „Du sollst nicht schummeln!", mahnt Mutter.
- Der eingeschobene Redebegleitsatz: „Du sollst", mahnt Mutter, „nicht schummeln!"

Aufgabe 1:

Ergänze in den folgenden Sätzen alle fehlenden Rede- und Satzzeichen!
Unterstreiche den Redebegleitsatz farbig!
Markiere die wörtliche Rede!

1. Warum kommst du erst jetzt nach Hause? , möchte Mama wissen.
2. Opa fragt Freust du dich schon auf deinen Geburtstag?
3. Immer ich , schimpft Johanna, immer ich!
4. Papa nervt Hast du für die Englischarbeit gelernt?
5. Jonas! , ruft die Klassenlehrerin, Komm sofort hierher!
6. Hilde beruhigt Es ist nichts Schlimmes passiert.

Aufgabe 2:

Ergänze in den folgenden Sätzen alle fehlenden Rede- und Satzzeichen!
Verwende einen farbigen Stift!

1. Wieso kommst du erst jetzt in den Unterricht fragt die Lehrerin.
2. Die Frau sagt Mein Hund isst keine Bananen.
3. Mir wurde mein Fahrrad geklaut behauptet der Junge.
4. Lisa ruft Ich beeile mich
5. Die Eltern fragen Möchtet ihr mit ins Kino
6. Ihr macht ja wieder alles kaputt! schreit der Hausmeister.
7. Die junge Frau ruft Bitte, helfen Sie schnell

Name:

Aufzählung

Aufgabe 1:

Ergänze in den folgenden Sätzen alle fehlenden Kommas!
Verwende einen farbigen Stift!
Nicht immer wird ein Komma benötigt.
Achte deshalb auf den Inhalt!

1. Das Gras der Steppe war braun verdörrt und hart.
2. Als Pferdefutter werden Heu Hafer Möhren und Vitaminpellets benötigt.
3. Die Monsterwelle im Wellenbad war ungeheuer groß.
4. Äpfel Birnen Aprikosen und Nektarinen gehören zum beliebtesten Obst.
5. Afrikas Savannen sind unendlich weite Gebiete.
6. Elefanten werden als große graue Riesen bezeichnet.
7. Um im Sport erfolgreich zu sein, muss man hart trainieren diszipliniert arbeiten und den Willen zum Gewinnen besitzen.
8. Wer gute Noten schreiben möchte, sollte fleißig lernen und im Unterricht gut aufpassen.
9. Paul trägt heute seine neuen blauen Turnschuhe.
10. Er lag glücklich entspannt und sehr erholt in seinem Liegestuhl.

Aufgabe 2:

Formuliere drei Sätze mit jeweils einer Aufzählung!

Station 4

Name: ____________

Kommasetzung 1 – Satzreihen

Zwei verbundene Hauptsätze müssen durch ein Komma abgetrennt werden.
Verbindungen von Hauptsätzen nennt man Satzreihe.
Denn dabei werden die Hauptsätze aneinandergereiht.

Aufgabe 1:

Ergänze alle fehlenden Kommas mit einem farbigen Stift!
Markiere die Tunwörter (Verben)!

1. Peter geht ins Kino Julius geht lieber ins Eiscafé.
2. Hanna läuft voraus dann folgt ihr Maria.
3. Die Eltern gehen spazieren die Kinder fahren nebenher Fahrrad.
4. Sie feiert ihren Geburtstag aber ich bin nicht eingeladen.
5. Sie feiert ihren Geburtstag es ist ein besonderes Fest für sie.

Aufgabe 2:

Verbinde die beiden Hauptsätze jeweils zu einer Satzreihe!
Verwende dazu Bindewörter (Konjunktionen) wie *aber, doch* und *denn*!
Ergänze die Satzzeichen mit einem farbigen Stift!

1. Anja möchte heute ausreiten. Johannes geht lieber spazieren.

   ____

   ____

2. Claudia und Anna gehen gemeinsam zur Schule.
   Sie wohnen im selben Viertel.

   ____

   ____

   ____

   ____

Name: ____________

Kommasetzung 2 – Satzgefüge

Eine Verbindung aus Haupt- und Nebensatz muss durch ein Komma abgetrennt werden. Solche Verbindungen nennt man Satzgefüge.

Nebensätze erkennst du daran,
- dass ein *Bindewort (Konjunktion)* den Nebensatz einleitet, z. B. *weil, da, als, dass*;
- dass die **Satzaussage (Prädikat)** im Nebensatz **an letzter Stelle** steht:

Beispiel: Unser Nachbar ist glücklich, *weil* er im Lotto **gewonnen hat**.
Da es heute **schneit**, sind die Straßen glatt.

Aufgabe 1:

Ergänze alle fehlenden Kommas mit einem farbigen Stift!
Markiere die Tunwörter (Verben)!

1. Die Fußballer sind traurig weil sie das Spiel verloren haben.
2. Die Mutter lobt ihren Sohn da er eine gute Note geschrieben hat.
3. Als die Kinder nach Hause kommen steht das Essen schon auf dem Tisch.
4. Am Abend läuft der Fernseher da die Eltern die Nachrichten sehen wollen.
5. Die Klasse 6b geht in den Zoo weil es bei vielen Tieren Nachwuchs gibt.

Aufgabe 2:

Verbinde die beiden Hauptsätze jeweils zu einem Satzgefüge!
Verwende dazu Bindewörter (Konjunktionen) wie *weil, da, obwohl, dass* usw.!
Ergänze die Satzzeichen mit einem farbigen Stift!

1. Helga ist müde. Sie hat den ganzen Tag gearbeitet.

____

____

2. Die Schüler haben Matheunterricht. Sie sollen etwas lernen.

____

____

Station 6

Name: ______________________

Satzreihe oder Satzgefüge?

Aufgabe 1:

Ergänzt in jedem Satz zuerst das Komma mit einem farbigen Stift!
Entscheidet dann, ob es sich um eine Satzreihe (SR) oder um ein Satzgefüge (SG) handelt!
Tipp: Seht euch die Sätze genau an und denkt daran, dass im Nebensatz die Satzaussage (Prädikat) am Ende steht!

1. Während die Lehrer schliefen schlichen sich die Schüler in den Speisesaal. _____
2. Nach dem langen Flug waren sie müde aber sie freuten sich auf das Hotel. _____
3. Als sie am Ferienort angekommen waren liefen alle zum Strand. _____
4. Andreas spielt Tim den Ball zu weil er von drei Gegenspielern umgeben ist. _____
5. Ich habe mir keine Katze gekauft ich wollte lieber einen Hund. _____
6. Moritz schaut Fernsehen obwohl er Hausaufgaben machen soll. _____

Aufgabe 2:

Markiert in den Nebensätzen die Satzaussagen (Prädikate)!

Aufgabe 3:

Formuliere selbst eine Satzreihe und ein Satzgefüge!
Tipp: Du kannst auch Sätze der Stationen 4 und 5 aussuchen.

Satzreihe:

____

____

Satzgefüge:

____

____

Fehlende Satzzeichen

Name: ______________________

Aufgabe 1:

Ergänze im folgenden Text die sechs fehlenden Kommas mit einem farbigen Stift!

Zu Hause Ferien machen

Weil meine Eltern sparen müssen konnten wir dieses Jahr nicht verreisen.
Deshalb befürchtete ich ziemlich langweilige Ferien.
Auch meine beste Freundin Julia flog mit ihrer Familie nach London sodass ich ganz alleine war.
Das war recht langweilig obwohl es bei uns viele Freizeitangebote gibt.
Meine Mutter meldete mich zu einer Kanutour an.
Bei dieser Kanutour waren auch zwei Übernachtungen auf einem Zeltplatz geplant.
Das Kanufahren machte mir richtig Spaß obwohl ich anfangs wirklich Angst hatte.
Abends saßen wir immer zusammen am Lagerfeuer da keiner alleine in seinem Zelt sein wollte.
Nach den Ferien zeigte ich stolz meine Fotos sodass Julia sogar etwas neidisch wurde.

Aufgabe 2:

Markiere im Text die Bindewörter (Konjunktionen), die du im Kasten findest! Manche kommen zweimal vor!

weil *sodass* *obwohl* *da*

Station 1

Name: ____________

Genaues Hinhören

Aufgabe:

Lasse dir von einem Partner die folgenden Sätze vorlesen!
Kreuze auf deiner Karte die richtige Schreibweise an!
Danach tauscht ihr die Rollen.
Vergleicht und kontrolliert schließlich eure Lösungen!

Vorlage zum Ablesen:

Der erste Schüler durfte bereits nach der Ankunft h e i m k e h r e n .

Am Wochenende wollten wir alle zusammen b a d e n g e h e n .

Das Foto von der prominenten Person ist g e s t o c h e n s c h a r f .

In der Schule möchte jeder g u t s e i n .

Das viele Lernen wird ihm bestimmt z u g u t e k o m m e n .

Unsere Schulmannschaft wird nicht am Pokalspiel t e i l n e h m e n .

Bei der letzten Aufgabe muss man l o g i s c h d e n k e n .

	Getrenntschreibung		**Zusammenschreibung**
	heim kehren		heimkehren
	baden gehen		badengehen
	gestochen scharf		gestochenscharf
	gut sein		gutsein
	zugute kommen		zugutekommen
	teil nehmen		teilnehmen
	logisch denken		logischdenken

Station 2

Name: ______________________

Auf den Inhalt kommt es an!

Wann wird etwas getrennt und wann zusammengeschrieben?
Bei manchen Wörtern kommt es auf den Inhalt an,
damit man sich für die richtige Schreibweise entscheiden kann.

Aufgabe:

Getrennt oder zusammen?
Schlage immer im Wörterbuch nach, bevor du dich entscheidest!

wieder sehen oder wiedersehen?

Er wird seine Mutter nach drei Jahren ______ wiedersehen. ______ .

Als ihr die Augenbinde abgenommen wurde, konnte sie ______ wieder sehen. ______ .

zusammen schreiben oder zusammenschreiben?

Nicht alle Wörter kann man im Deutschen ______________________ .

Diese zwei Autoren werden ein Buch ______________________ .

fest binden oder festbinden?

Der Mann wollte sich nicht an seine Freundin ______________________ .

Sie musste ihren Hund draußen vor dem Supermarkt ______________________ .

weiter machen oder weitermachen?

Die Frau ließ sich von ihrer Schneiderin das Kleid ______________________ .

Trotz des schlechten Wetters sollten die Handwerker ______________________ .

wieder holen oder wiederholen

Ich sollte im Sportunterricht den Ball ______________________ .

Einige Prüflinge mussten den Test ______________________ .

Station 3

Name: ____________________

Zusammengesetzte Wörter 1

Man kann aus zwei Wörtern ein neues Wort erschaffen.
Im Folgenden übst du die Verbindung von zwei Namenwörtern (Substantiven).
Schlage in einem Wörterbuch nach, wenn du Hilfe benötigst!

Aufgabe 1:

Verbinde Wörter, die zusammengesetzt ein neues Wort ergeben!
Manche Wörter kann man mit mehreren anderen verbinden.
Schreibe die zusammengesetzten Wörter auf die Linien!
Achte darauf, dass beim Zusammensetzen kein Buchstabe verlorengeht!

Bett	Hund
Kopf	Bund
Tisch	Topf
Stuhl	Kante
Blumen	Wäsche
Boden	Bein
Haus	Tür
Schlüssel	Kissen
See	Vase
	Schmerzen

____

____

____

____

____

Station 3

Name: ____________________

Zusammengesetzte Wörter 2

Ob ein zusammengesetztes Wort groß- oder kleingeschrieben wird, richtet sich nach dem hinteren Teil des zusammengesetzten Wortes. Dieser bestimmt die neue Wortart.
Schlage in einem Wörterbuch nach, wenn du Hilfe benötigst.

Aufgabe 2:

Verbinde jedes Namenwort (Substantiv) mit einem passenden Wiewort (Adjektiv)!
Schreibe die zusammengesetzten Wörter auf die Linien!

Butter	Papier
alt	Fleisch
frisch	weich

____

____

____

Aufgabe 3:

Verbinde jedes Namenwort (Substantiv) mit einem passenden Tunwort (Verb)!
Schreibe die zusammengesetzten Wörter auf die Linien!

essen	Zimmer
Staub	Löffel
warten	saugen

____

____

____

Aufeinandertreffen dreier gleicher Buchstaben

Name: ____________________

Aufgabe 1:

Manche Zusammensetzungen besitzen gleich dreimal hintereinander denselben Buchstaben.
Fülle die Lücken in den Wörtern korrekt!
Schlage in einem Wörterbuch nach, wenn du Hilfe benötigst!

Gewi ________ (n)ummer

Ro ________ (l)aden

Wo ________ (l)appen

Eisschne ________ (l)auf

Me ________ (s)tab

he ________ (l)ila

Kle ________ (m)appe

Kontro ________ (l)ampe

Pi ________ (n)adel

Schlu ________ (s)atz

Beste ________ (l)iste

Balle ________ (t)änzerin

Schi ________ (f)ahrt

Aufgabe 2:

Schreibe alle Wörter mit Dreifachbuchstaben auf die Linien!
Kreise die Dreifachbuchstaben farbig ein!

____

____

____

____

Station 5

Teste dein Wissen!

Name: ____________________

Aufgabe:

Aus welchen Wörtern wurden die nachfolgenden Zusammensetzungen gebildet? Trage in die Tabelle ein!
Am Beispiel „Tischdecke“ siehst du, wie es gemacht wird.

Rasenmäher Türdrücker ~~Tischdecke~~
Graureiher Altpapier Haustürschlüssel
Esszimmer grasgrün Toilettenpapier
Gewächshaus Silberdistel
Mähdrescher Schnellbahn
Druckverband Wellenreiten

Namenwort + Namenwort	Namenwort + Wiewort Wiewort + Namenwort	Namenwort + Tunwort Tunwort + Namenwort
Tischdecke Tisch + Decke		

Station 6

Fehlerexperten

Name: ______________________

Aufgabe:

Knickt das Blatt an der gestrichelten Linie!
Findet dann die **sechs** Fehler im Text und unterstreicht sie rot!
Überprüft erst danach mit dem grauen Kontrollfeld,
welche Wörter falsch geschrieben wurden!
Tipp: Achtet auf die Getrennt- und Zusammenschreibung!

Die Klasse 6a schreibt heute eine Englischarbeit.

Sina darf nicht in die Schule, da sie krank ist.

Sie ist vom Arzt krank geschrieben.

Nun muss sie erst mal gesund werden, bevor sie wieder in die Schule gehen kann.

Die Arbeit muss sie unbedingt nach schreiben, sonst wird sie sitzen bleiben.

Sina findet krank sein blöd.

Lieber würde sie Rollschuh fahren, schwimmen gehen oder irgendeinen anderen Sport treiben.

Am liebsten würde sie nun den ganzen Tag vor dem Fernseher liegen und kühle Getränke trinken.

Diese hat sie von ihrer Mutter im Kühlschrank kaltstellen lassen.

Sina hofft, bald wieder gesund zu werden.

krankgeschrieben nachschreiben sitzenbleiben
Rollschuh fahren Sport treiben kalt stellen

Station 1

Name:

Schnapp dir ein Wörterbuch! 1

Aufgabe 1:

Schlagt die Bedeutung der angegebenen Begriffe nach!
Einer liest den ersten Begriff aus der Wörterliste vor.
Die anderen suchen **die Bedeutung des Begriffs** im Wörterbuch.
Der Schnellste gewinnt und bekommt einen Punkt.
Jetzt liest der nächste Schüler eurer Gruppe einen Begriff aus der Wörterliste vor.

Gesuchtes Wort	Bedeutung
Wagnis	
produzieren	
reduzieren	
Stuntman	
Regisseur	
Premiere	
riskant	
Szene	
relaxen	
Kritik	

Station 1

Name: ______________________

Schnapp dir ein Wörterbuch! 2

Aufgabe 2:

Lest euch den Text abwechselnd gegenseitig vor!
Jeder liest immer nur einen Satz.
Die anderen überlegen und entscheiden,
welches Wort aus eurer Wörterliste das passende ist.
Manchmal müsst ihr das Wort leicht verändern.

Klappe und Action!

Jedes Jahr kommen neue Filme in die Kinos, die oft in Amerika und Deutschland ______________________ werden.

Doch bis zur ______________________ des Kinofilms sind viele Einzelschritte notwendig.

Zuerst werden passende Schauspieler gesucht.

Die Bewerberzahl muss ______________________ werden,
da oft viel mehr Schauspieler mitmachen möchten, als es Rollen gibt.

Besonders gefährliche ______________________ spielt der

______________________.

Der Job eines Stuntmans ist sehr ______________________.

Damit der Film ein Erfolg wird, lässt der ______________________ Szenen häufig proben, bevor sie aufgenommen werden.

Dabei hören die Schauspieler oft ______________________,
um die Szene noch besser zu spielen.

Wenn der Film dann in die Kinos kommt, sind alle gespannt,
ob er dem Publikum gefällt.

Name: ____________

Informationen entnehmen 1

Aufgabe 1:

Lies dir den Text durch!
Markiere alle Städtenamen farbig!

Unsere Reise durch Deutschland und Europa

In den Sommerferien wollten wir eine Reise durch Deutschland und Europa machen.

Zunächst fuhren wir von Kassel aus nach Berlin.

Da wir schon am nächsten Abend in Hamburg sein wollten,
blieb uns dort nicht viel Zeit.

In Hamburg schauten wir uns den Hafen an.

Dort kauften wir auch jede Menge Fischbrötchen,
damit wir auf unserer Fahrt nach Mainz nicht hungern mussten.

In Mainz blieben wir eine Nacht, bevor es nach Frankreich weiterging.

Wir fuhren über die Autobahn an Saarbrücken vorbei und
über Reims bis nach Paris.

Über die Alpen fuhren wir dann weiter in die Schweiz und
schauten uns die Hauptstadt Bern an.

Von Bern aus ging es weiter nach Italien.

Dort mussten wir uns in Pisa den Schiefen Turm anschauen,
dann setzten wir unsere Reise nach Rom fort.

Auf unserem Rückweg fuhren wir zuerst nach Venedig.

Von dort aus fuhren wir durch Österreich zurück.

In der schönen Stadt Innsbruck übernachteten wir
ein letztes Mal.

In Deutschland führte unser Weg über München nach Kassel.

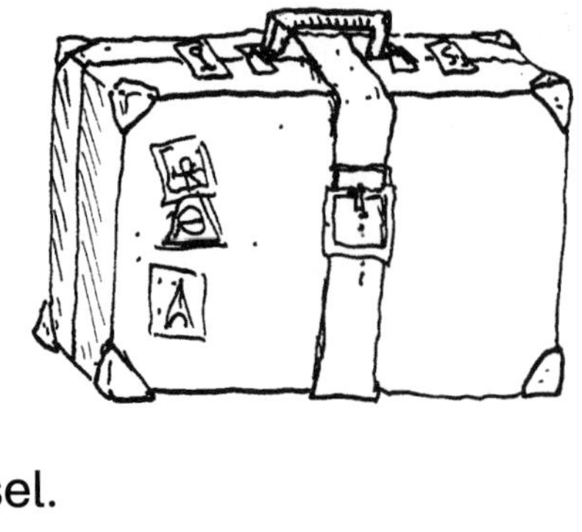

Station 2

Informationen entnehmen 2

Name:

Aufgabe 2:

Vergleicht eure Ergebnisse aus Aufgabe 1!
Zeichnet die Reiseroute mit einem farbigen Stift in die Karte ein!
Verbindet dazu die Städte in der Reihenfolge, in der sie laut Text besucht wurden!

Station 3

Name: ______________________

Anders ausgedrückt

Aufgabe:

Zu vielen Fremdwörtern gibt es im Deutschen Wörter mit der gleichen Bedeutung. Finde im Kasten zu jedem Fremdwort den passenden deutschen Begriff! Schlage in einem Wörterbuch nach, wenn du Hilfe benötigst!

1. Nicht das Aussehen ist das Wichtigste, sondern der Charakter.

   Charakter = ______________________

2. Die Polizei sucht einen Mann, der sich illegal in Deutschland aufhält.

   illegal = ______________________

3. An der See weht häufig eine frische Brise.

   Brise = ______________________

4. Nach dem Theaterstück tobte das Publikum vor Begeisterung.

   Publikum = ______________________

5. Paul hat sich eine Fraktur am linken Mittelfuß zugezogen.

   Fraktur = ______________________

6. Ein Biologe beschäftigt sich nicht nur mit Tieren, sondern auch mit der Botanik.

   Botanik = ______________________

Knochenbruch — Wesensart — Pflanzenwelt
Zuschauer — unerlaubt — Luftzug

Name: ______

So eine Unordnung!

Aufgabe:

Der folgende Text ist durcheinandergeraten.
Sortiere die Abschnitte wieder richtig, indem du sie von 1–6 nummerierst!

Der Zoobesuch

	Nach einer halben Stunde treffen sich alle am Eisbärengehege. Der Zeitpunkt ist perfekt, da gerade die Fütterung begonnen hat. Mia, Anne, Oma und Opa bestaunen den kleinen Eisbären und freuen sich über den schönen Tag im Zoo.
	Endlich am Zoo angekommen, ist das Gedränge groß. Nicht nur die Eisbären, sondern auch viele andere Tiere haben Nachwuchs bekommen. Die kleinen Giraffen sehen besonders goldig aus, meint zumindest Anne. Mia will endlich zu den Eisbären!
	Um 12:00 Uhr erscheinen die Großeltern dann endlich. Es kann losgehen. Mia ist ganz aufgeregt, angeblich sollen die Eisbären ein Junges bekommen haben.
	Mia ist genervt und beschließt, einfach alleine zu den Eisbären zu gehen. Opa Hermann folgt ihr heimlich, auch er hat keine Lust auf Erdmännchen.
	Am Sonntag wollen Anne und Mia mit ihren Großeltern in den Zoo gehen. Sie haben sich für 11:30 Uhr verabredet.
	Doch bevor es zu den Eisbären geht, will Oma Hilde unbedingt die Erdmännchen sehen. Die lägen direkt auf dem Weg, meint sie. Dass sie jedoch in die ganz andere Richtung geht, bemerkt sie nicht einmal.

Station 5

Name: ____________

Finde die Fehler!

Aufgabe:

Ein Partner liest den linken Text laut vor.
Der andere liest den rechten Text leise mit und markiert Fehler farbig.
Danach tauscht ihr.
Im Anschluss vergleicht noch mal jeder für sich die beiden Texte.
Überprüft danach, ob ihr alle 11 Fehler gefunden habt!

Nicht jeder Pilz wächst im Wald

Pilze findest du nicht nur im Wald.
Es gibt sie auch ganz in deiner Nähe, bei dir zu Hause.
Schimmelpilze haben keinen Fuß und keinen Hut.
Deshalb bemerkst du sie oft gar nicht.
Wenn du sie entdeckst, findest du sie eklig.
Angeschimmelte Lebensmittel solltest du besser gleich wegwerfen.
Manche Lebensmittel müssen sogar schimmeln.
Es gibt Blau-, Rot- und Weißschimmelkäse.
Diese kannst du ohne Bedenken genießen.
Merke dir also:
Pilze wachsen nicht nur im Wald.
Sie können auch auf Lebensmitteln entstehen.

Nicht jeder Pilz wächst im Garten

Pilze findest du nicht nur im Glas.
Es gibt sie auch ganz in deiner Nähe, bei dir daheim.
Schimmelpilze haben keinen Fuß und keinen Kopf.
Deshalb bemerkst du sie meistens gar nicht.
Wenn du sie entdeckst, findest du sie lecker.
Nicht verschimmelte Lebensmittel solltest du besser gleich aufwärmen.
Manche Lebensmittel müssen sogar gammeln.
Es gibt Blau-, Rosa- und Weißschimmelkäse.
Diese kannst du ohne Zweifel genießen.
Merke dir also:
Pilze wachsen nicht nur im Wald.
Sie können auch auf Parkbänken entstehen.

Station 6

Name: ____________

Fragen über Fragen

Aufgabe:

Lies die folgenden Texte aufmerksam durch!
Markiere die Antworten auf die Fragen im Text!

Backe, backe Kuchen!

Der Beruf des Bäckers ist nichts für Langschläfer.
Oft klingelt der Wecker schon um 3:00 Uhr nachts.
Dafür haben Bäcker nachmittags meistens frei und können ausspannen.
Als Bäcker muss man seinen Kunden immer eine große Auswahl bieten.
Dazu gehören Brötchen und Brot, aber auch Kuchen und Torten.
Die Kunden lieben Vielfalt und wollen immer wieder Neues probieren.
Deshalb überlegen Bäcker gut, was die Kunden haben wollen.

1. Wer sollte besser nicht Bäcker werden?

2. Warum verändert sich die Auswahl beim Bäcker ständig?

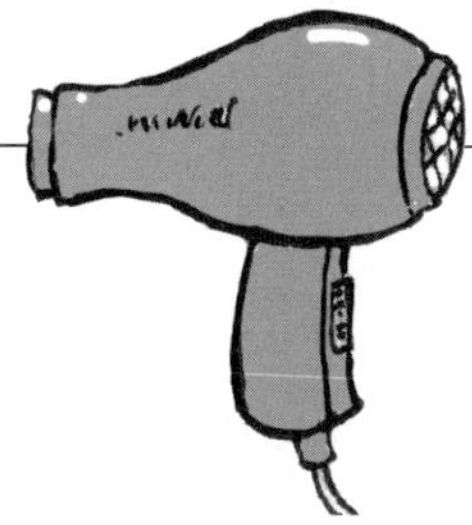

Waschen, Schneiden, Föhnen!

Einem Friseur muss man vertrauen können.
Schließlich muss man nach dem Haareschneiden lange mit der neuen Frisur herumlaufen.
Bevor der Friseur loslegt, berät er seine Kunden in einem Gespräch.
Friseure schneiden Haare, waschen und föhnen sie.
Manchmal färben sie Haare oder drehen Locken ein.
Ein Friseur sollte keine Probleme damit haben, anderen Menschen in die Haare zu fassen.

1. Welche Arbeitsschritte muss ein Friseur beherrschen?

2. Womit darf ein Friseur keine Probleme haben?

Station 1: Finde die Satzglieder!

Seite 7

Aufgaben 1 + 2:

1. | Meine Mutter | schenkt | meinem Bruder | ein blaues Fahrrad | .
   Schenkt meine Mutter meinem Bruder ein blaues Fahrrad?
   Ein blaues Fahrrad schenkt meine Mutter meinem Bruder.
2. | Der Brief | lag | auf dem Küchentisch | .
   Auf dem Küchentisch lag der Brief.
   Lag der Brief auf dem Küchentisch?
3. | Die Kinder | essen | ein Eis | in der italienischen Eisdiele | .
   Ein Eis essen die Kinder in der italienischen Eisdiele.
   In der italienischen Eisdiele essen die Kinder ein Eis.
   Essen die Kinder ein Eis in der italienischen Eisdiele?
4. | Auf dem Schulhof | spielen | die Kinder | Fangen | .
   Die Kinder spielen auf dem Schulhof Fangen.
   Spielen die Kinder auf dem Schulhof Fangen?
   Fangen spielen die Kinder auf dem Schulhof.

Station 2: Das Prädikat

Seite 8

1. blühen 2. kämpfen 3. trainieren 4. versuchen 5. joggen gehen
6. (*Was tut* Susanne?) aufpassen 7. (*Was tut* Clara?) sich verstecken

Station 3: Das Subjekt

Seite 9

1. das Fernsehprogramm 2. die Schüler der Klasse 6a 3. Paula und Johanna 4. der Apotheker
5. die Gehege 6. (*Wer oder was* geht mit seinen Enkeln in den Tiergarten?) Opa
7. (*Wer oder was* nervt Mama?) das ständige Telefonklingeln

Station 4: Die Objekte

Seite 10

Aufgabe 1:

1. Der Postbote bringt der Frau <u>ein Päckchen</u>.
   Wem? ○ *Wen oder was?* ⊗
2. Beim Fliegen müssen die Passagiere <u>den Sicherheitsgurt</u> anlegen.
   Wem? ○ *Wen oder was?* ⊗
3. <u>Seinem kleinen Bruder</u> schenkt Leon ein neues Spielzeugauto.
   Wem? ⊗ *Wen oder was?* ○

Aufgabe 2:

1. *Wen oder was* machen wir nächste Woche? (SE 4)
2. *Wem* legt Marie frische Salatblätter in das Terrarium? (SE 3)
3. *Wen oder was* beobachten die Polizisten? (SE 4)

Station 5: Satzglieder bestimmen — Seite 11

Aufgabe 1:
1. *Wessen* wurde der Schüler verwiesen? .... des Raumes (SE 2)
2. *Wen oder was* lässt sich Tinas Mutter nach dem Einkaufen geben? ... den Kassenzettel (SE 4)
3. *Wem* fällt das Laufen sichtlich schwer? .... dem alten Mann (SE 3)

Aufgabe 2:
Lena und Jakob (SG), steht (SA), den alten Römern (SE), ihr Geschichtsbuch (SE), Lena (SG), Marias Buch (SE)

Station 6: Adverbiale Bestimmungen — Seite 12

Angabe des Ortes:

Lukas geht <u>auf dem Bürgersteig</u>. — **Wo?**

Selina radelt <u>nach Hause</u>. — **Wohin?**

Emma kommt <u>aus der Schule</u>. — **Woher?**

Angabe der Zeit:

Die Schulstunde dauert <u>45 Minuten</u>. — **Wie lange?**

<u>Morgen früh</u> treffen wir uns. — **Wann?**

<u>Seit gestern</u> vermisse ich meine Katze. — **Seit wann?**

Angabe der Art und Weise:

Thomas geht <u>bester Laune</u> in den Zoo. — **Wie?**

Paula schlägt einen Purzelbaum <u>rückwärts</u>. — **Auf welche Weise?**

Station 1: Typische Endungen der Substantive — Seite 13

Aufgabe 1:
-ung: Fälschung, Forschung, Werbung, Tarnung
-keit: Helligkeit, Dankbarkeit
-nis: Zeugnis, Geständnis
-heit: Gesundheit, Freiheit
-tum: Reichtum, Heldentum, Eigentum
-schaft: Freundschaft, Gesellschaft

Aufgabe 2:
die Fälschung – die Fälschungen, die Forschung – die Forschungen, die Werbung – die Werbungen, die Tarnung – die Tarnungen, die Helligkeit – die Helligkeiten, die Dankbarkeit – die Dankbarkeiten, das Zeugnis – die Zeugnisse, das Geständnis – die Geständnisse, die Gesundheit – (kein Plural), die Freiheit – die Freiheiten, der Reichtum – die Reichtümer, das Heldentum – (kein Plural), das Eigentum – die Eigentümer, die Freundschaft – die Freundschaften, die Gesellschaft – die Gesellschaften

Station 2: Substantivierung von Verben

Seite 14

Aufgabe 1:

1. **Zum** Lesen (lesen) lege ich mich häufig auf das Sofa.
2. Du musst dein Zimmer putzen (putzen).
3. Zeit **zum** Ausruhen (ausruhen) hast du später.
4. Jan kommt **beim** Laufen (laufen) immer **ins** Schwitzen (schwitzen).

Aufgabe 2:

Deutschunterricht bereitet mir sehr viel Freude.
<u>Das Lesen</u> von Texten kann ich besonders gut.
Am liebsten lese ich Fantasiegeschichten.
<u>Genaues Hinschauen</u> und <u>Nachdenken</u> über den Inhalt mag ich einfach.
In Französisch fällt mir <u>das Auswendiglernen</u> leicht und <u>beim Schreiben</u> mache ich wenig Fehler.

Station 3: Substantivierung von Adjektiven

Seite 15

Aufgabe 1:

Im Biologieunterricht haben wir <u>viel Neues</u> über den Menschen gelernt. <u>Wenig Erfreuliches</u> haben wir dabei über die Auswirkungen von ungesunder Nahrung erfahren. <u>Zu viel Köstliches</u> kann unserem Körper nachhaltig schaden. Das bedeutet aber nicht, dass man <u>nichts Süßes</u> essen darf.

Aufgabe 2:

1. Der Polizist konnte <u>nichts Ungewöhnliches</u> feststellen.
2. Bei dem Zoobesuch haben wir <u>viel Neues</u> über Schlangen erfahren.

Station 4: Zeitangaben

Seite 16

Aufgabe 1:

Der Ausflug

Immer m (M/m)ontags treffen sich die Schüler der Klasse 6a vor der ersten Stunde am Kiosk.
An diesem M (M/m)ontagmorgen jedoch stehen alle mit ihren Rucksäcken vor der Schule.
Gemeinsam wollen sie bis zum A (A/a)bend wandern gehen.
Sie wollen am späten M (M/m)ontagabend zurück sein,
da einige Schüler immer a (A/a)bends ihre Hausaufgaben erledigen.

Aufgabe 2:

der Montag – montags
der Dienstag – dienstags
der Mittwoch – mittwochs
der Donnerstag – donnerstags
der Freitag – freitags
der Samstag – samstags
der Sonntag – sonntags
die Samstagnacht – samstagnachts
der Montagmorgen – montagmorgens

der Morgen – morgens
der Vormittag – vormittags
der Mittag – mittags
der Nachmittag – nachmittags
der Abend – abends
die Nacht – nachts

Station 5: Pronomen

Seite 17

Aufgabe 1:
1. In der Stadt sucht **sie** ihre Freunde.
2. Gemeinsam wollen sie **ihn** für eine Feier aussuchen.
3. **Sie** kaufen frisches Brot.
4. „Soll ich **ihr** ein Eis mitbringen?", fragt Tim.

Station 1: Punkt, Fragezeichen oder Ausrufezeichen?

Seite 18

Aufgabe 1:
1. Vergiss nicht, dein Deutschheft einzupacken **!**
2. Muss ich mein Zimmer aufräumen **?**
3. Hände hoch **!**
4. Nach dem Sportunterricht bin ich immer kaputt **.**
5. Soll ich dir ein Getränk mitbringen **?**
6. Sei bitte leise **!**
7. Achtung bitte **!**
8. Siehst du das Kind auf dem Roller **?**
9. Die Blumen fangen im Frühjahr an zu blühen **.**
10. Sind unsere Eltern stolz auf uns **?**

Aufgabe 2:
1. Geht Britta heute Abend ins Kino?/Britta, geh heute Abend ins Kino!
2. Fangen die Fischer die Fische auf hoher See?/Fangt die Fische auf hoher See!
3. Werden die Tiere im Zoo während der Fütterungszeit gefüttert?/Füttert die Tiere im Zoo während der Fütterungszeit!
4. Muss man im Matheunterricht addieren, subtrahieren und dividieren?/Man muss im Matheunterricht addieren, subtrahieren und dividieren!
5. Benötigt man zum Kuchenbacken Eier?/Man benötigt zum Kuchenbacken Eier!
6. Spielen die Kinder zusammen im Garten?/Kinder, spielt zusammen im Garten!

Station 2: Wörtliche Rede

Seite 19

Aufgabe 1:
1. „Warum kommst du erst jetzt nach Hause?" , möchte Mama wissen.
2. Opa fragt: „Freust du dich schon auf deinen Geburtstag?"
3. „Immer ich" , schimpft Johanna, „immer ich!"
4. Papa nervt: „Hast du für die Englischarbeit gelernt?"
5. „Jonas!" , ruft die Klassenlehrerin, „Komm sofort hierher!"
6. Hilde beruhigt: „Es ist nichts Schlimmes passiert."

Aufgabe 2:
1. „Wieso kommst du erst jetzt in den Unterricht**?"**, fragt die Lehrerin.
2. Die Frau sagt**: „**Mein Hund isst keine Bananen.**"**
3. **„**Mir wurde mein Fahrrad geklaut**"**, behauptet der Junge.
4. Lisa ruft**: „**Ich beeile mich**!"**
5. Die Eltern fragen**: „**Möchtet ihr mit ins Kino**?"**
6. **„**Ihr macht ja wieder alles kaputt**!"**, schreit der Hausmeister.
7. Die junge Frau ruft**: „**Bitte, helfen Sie schnell**!"**

Station 3: Aufzählung

Seite 20

Aufgabe 1:
1. Das Gras der Steppe war braun, verdörrt und hart.
2. Als Pferdefutter werden Heu, Hafer, Möhren und Vitaminpellets benötigt.
3. Die Monsterwelle im Wellenbad war ungeheuer groß.
4. Äpfel, Birnen, Aprikosen und Nektarinen gehören zum beliebtesten Obst.
5. Afrikas Savannen sind unendlich weite Gebiete.
6. Elefanten werden als große graue Riesen bezeichnet.
7. Um im Sport erfolgreich zu sein, muss man hart trainieren, diszipliniert arbeiten und den Willen zum Gewinnen besitzen.
8. Wer gute Noten schreiben möchte, sollte fleißig lernen und im Unterricht gut aufpassen.
9. Paul trägt heute seine neuen blauen Turnschuhe.
10. Er lag glücklich, entspannt und sehr erholt in seinem Liegestuhl.

Station 4: Kommasetzung 1 – Satzreihen

Seite 21

Aufgabe 1:
1. Peter geht ins Kino, Julius geht lieber ins Eiscafé.
2. Hanna läuft voraus, dann folgt ihr Maria.
3. Die Eltern gehen spazieren, die Kinder fahren nebenher Fahrrad.
4. Sie feiert ihren Geburtstag, aber ich bin nicht eingeladen.
5. Sie feiert ihren Geburtstag, es ist ein besonderes Fest für sie.

Aufgabe 2:
1. Anja möchte heute ausreiten, **aber** Johannes geht lieber spazieren.
2. Claudia und Anna gehen gemeinsam zur Schule, **denn** sie wohnen im selben Viertel.

Station 5: Kommasetzung 2 – Satzgefüge

Seite 22

Aufgabe 1:
1. Die Fußballer sind traurig, weil sie das Spiel verloren haben.
2. Die Mutter lobt ihren Sohn, da er eine gute Note geschrieben hat.
3. Als die Kinder nach Hause kommen, steht das Essen schon auf dem Tisch.
4. Am Abend läuft der Fernseher, da die Eltern die Nachrichten sehen wollen.
5. Die Klasse 6b geht in den Zoo, weil es bei vielen Tieren Nachwuchs gibt.

Aufgabe 2:
1. Helga ist müde, **weil** sie den ganzen Tag gearbeitet hat.
2. Die Schüler haben Matheunterricht, **da** sie etwas lernen sollen.

Station 6: Satzreihe oder Satzgefüge?

Seite 23

Aufgaben 1+2:

1.	Während die Lehrer schliefen, schlichen sich die Schüler in den Speisesaal.	**SG**
2.	Nach dem langen Flug waren sie müde, aber sie freuten sich auf das Hotel.	**SR**
3.	Als sie am Ferienort angekommen waren, liefen alle zum Strand.	**SG**
4.	Andreas spielt Tim den Ball zu, weil er von drei Gegenspielern umgeben ist.	**SG**
5.	Ich habe mir keine Katze gekauft, ich wollte lieber einen Hund.	**SR**
6.	Moritz schaut Fernsehen, obwohl er Hausaufgaben machen soll.	**SG**

Station 7: Fehlende Satzzeichen

Seite 24

Aufgaben 1+2:

Zu Hause Ferien machen

Weil meine Eltern sparen müssen, konnten wir dieses Jahr nicht verreisen.
Deshalb befürchtete ich ziemlich langweilige Ferien.
Auch meine beste Freundin Julia flog mit ihrer Familie nach London, sodass ich ganz alleine war.
Das war recht langweilig, obwohl es bei uns viele Freizeitangebote gibt.
Meine Mutter meldete mich zu einer Kanutour an.
Bei dieser Kanutour waren auch zwei Übernachtungen auf einem Zeltplatz geplant.
Das Kanufahren machte mir richtig Spaß, obwohl ich anfangs wirklich Angst hatte.
Abends saßen wir immer zusammen am Lagerfeuer, da keiner alleine in seinem Zelt sein wollte.
Nach den Ferien zeigte ich stolz meine Fotos, sodass Julia sogar etwas neidisch wurde.

Station 1: Genaues Hinhören

Seite 25

Getrenntschreibung: baden gehen, gestochen scharf, gut sein, logisch denken
Zusammenschreibung: heimkehren, zugutekommen, teilnehmen

Station 2: Auf den Inhalt kommt es an!

Seite 26

zusammen schreiben oder zusammenschreiben?

Nicht alle Wörter kann man im Deutschen **zusammenschreiben**.
Diese zwei Autoren werden ein Buch **zusammen schreiben**.

fest binden oder festbinden?

Der Mann wollte sich nicht an seine Freundin **fest binden**.
Sie musste ihren Hund draußen vor dem Supermarkt **festbinden**.

weiter machen oder weitermachen?

Die Frau ließ sich von ihrer Schneiderin das Kleid **weiter machen**.
Trotz des schlechten Wetters sollten die Handwerker **weitermachen**.

wieder holen oder wiederholen

Ich sollte im Sportunterricht den Ball **wieder holen**.
Einige Prüflinge mussten den Test **wiederholen**.

Station 3: Zusammengesetzte Wörter 1+2 — Seite 27

Aufgabe 1:
Bettkante, Bettwäsche, Kopfkissen, Kopfschmerzen, Tischkante, Tischbein, Tischvase, Stuhlkante, Stuhlbein, Stuhlkissen, Blumentopf, Blumenvase, Bodenkissen, Bodenvase, Haustür, Schlüsselbund, Schlüsselbein, Seehund

Aufgabe 2:
butterweich, Altpapier, Frischfleisch

Aufgabe 3:
Esslöffel, staubsaugen, Wartezimmer

Station 4: Aufeinandertreffen dreier gleicher Buchstaben — Seite 29

Aufgaben 1+2:
Gewinnnummer, Rollladen, Wolllappen, Eisschnelllauf, Messstab, helllila, Klemmmappe, Kontrolllampe, Pinnnadel, Schlusssatz, Bestellliste, Balletttänzerin, Schifffahrt

Station 5: Teste dein Wissen! — Seite 30

Namenwort + Namenwort	Namenwort + Wiewort Wiewort + Namenwort	Namenwort + Tunwort Tunwort + Namenwort
Tischdecke Tisch + Decke	Graureiher grau + Reiher	Rasenmäher Rasen + mähen
Haustürschlüssel Haus + Tür + Schlüssel	grasgrün Gras + grün	Türdrücker Tür + drücken
Toilettenpapier Toilette + Papier	Silberdistel silber + Distel	Wellenreiten Wellen + reiten
Gewächshaus Gewächs + Haus	Schnellbahn schnell + Bahn	Esszimmer ess + Zimmer
Druckverband Druck + Verband	Altpapier alt + Papier	Mähdrescher mähen + Drescher

Station 1: Schnapp dir ein Wörterbuch! 1+2

Seite 32

Aufgabe 1:
Wagnis: Experiment, Abenteuer, Gefahr
produzieren: erzeugen, anfertigen, herstellen
reduzieren: weniger werden, sich verkleinern, verringern
Stuntman: Filmdouble; jemand, der gefährliche Szenen für die Schauspieler übernimmt
Regisseur: Filmemacher, Theatermacher
Premiere: Erstaufführung, Uraufführung
riskant: gefährlich, gewagt
Szene: Filmausschnitt
relaxen: entspannen
Kritik: Beurteilung

Aufgabe 2:
Korrekte Reihenfolge: produziert – Premiere – reduziert – Szenen – Stuntman – riskant – Regisseur – Kritik

Station 2: Informationen entnehmen 1+2

Seite 34

Aufgabe 1+2:
Korrekte Reihenfolge: Kassel – Berlin – Hamburg – Mainz – Saarbrücken – Reims – Paris – Bern – Pisa – Rom – Venedig – Innsbruck – München – Kassel

Station 3: Anders ausgedrückt

Seite 36

1. Charakter = Wesensart
2. illegal = unerlaubt
3. Brise = Luftzug
4. Publikum = Zuschauer
5. Fraktur = Knochenbruch
6. Botanik = Pflanzenwelt

Station 4: So eine Unordnung!

Seite 37

Aufgabe 1:
Der Zoobesuch

6	Nach einer halben Stunde treffen sich alle am Eisbärengehege. Der Zeitpunkt ist perfekt, da gerade die Fütterung begonnen hat. Mia, Anne, Oma und Opa bestaunen den kleinen Eisbären und freuen sich über den schönen Tag im Zoo.
3	Endlich am Zoo angekommen, ist das Gedränge groß. Nicht nur die Eisbären, sondern auch viele andere Tiere haben Nachwuchs bekommen. Die kleinen Giraffen sehen besonders goldig aus, meint zumindest Anne. Mia will endlich zu den Eisbären!
2	Um 12:00 Uhr erscheinen die Großeltern dann endlich. Es kann losgehen. Mia ist ganz aufgeregt, angeblich sollen die Eisbären ein Junges bekommen haben.

5	Mia ist genervt und beschließt, einfach alleine zu den Eisbären zu gehen. Opa Hermann folgt ihr heimlich, auch er hat keine Lust auf Erdmännchen.
1	Am Sonntag wollen Anne und Mia mit ihren Großeltern in den Zoo gehen. Sie haben sich für 11:30 Uhr verabredet.
4	Doch bevor es zu den Eisbären geht, will Oma Hilde unbedingt die Erdmännchen sehen. Die lägen direkt auf dem Weg, meint sie. Dass sie jedoch in die ganz andere Richtung geht, bemerkt sie nicht einmal.

Station 5: Finde die Fehler!

Seite 38

Nicht jeder Pilz wächst im Garten
Pilze findest du nicht nur im Glas.
Es gibt sie auch ganz in deiner Nähe, bei dir daheim.
Schimmelpilze haben keinen Fuß und keinen Kopf.
Deshalb bemerkst du sie meistens gar nicht.
Wenn du sie entdeckst, findest du sie lecker.
Nicht verschimmelte Lebensmittel solltest du besser gleich aufwärmen.
Manche Lebensmittel müssen sogar gammeln.
Es gibt Blau-, Rosa- und Weißschimmelkäse.
Diese kannst du ohne Zweifel genießen.
Merke dir also:
Pilze wachsen nicht nur im Wald.
Sie können auch auf Parkbänken entstehen.

Station 6: Fragen über Fragen

Seite 39

Backe, backe Kuchen!
Der Beruf des Bäckers ist nichts für Langschläfer.
Oft klingelt der Wecker schon um 3:00 Uhr nachts.
Dafür haben Bäcker nachmittags meistens frei und können ausspannen.
Als Bäcker muss man seinen Kunden immer eine große Auswahl bieten.
Dazu gehören Brötchen und Brot, aber auch Kuchen und Torten.
Die Kunden lieben Vielfalt und wollen immer wieder Neues probieren.
Deshalb überlegen Bäcker gut, was die Kunden haben wollen.

Waschen, Schneiden, Föhnen!
Einem Friseur muss man vertrauen können.
Schließlich muss man nach dem Haareschneiden lange mit der neuen Frisur herumlaufen.
Bevor der Friseur loslegt, berät er seine Kunden in einem Gespräch.
Friseure schneiden Haare, waschen und föhnen sie.
Manchmal färben sie Haare oder drehen Locken ein.
Ein Friseur sollte keine Probleme damit haben, anderen Menschen in die Haare zu fassen.